सुनो भई सुनो
Listen, Listen

written by Phillis Gershator
illustrated by Alison Jay

Hindi translation by Divya Mathur

mantra lingua

सुनो भई सुनो ... ये कैसी आवाज़? गा रहे हैं कीड़े हर इक तरफ।

Listen, listen ... what's that sound? Insects singing all around!

चूँ चूँ चीं, चीं, भिन, भिन, खर खर।

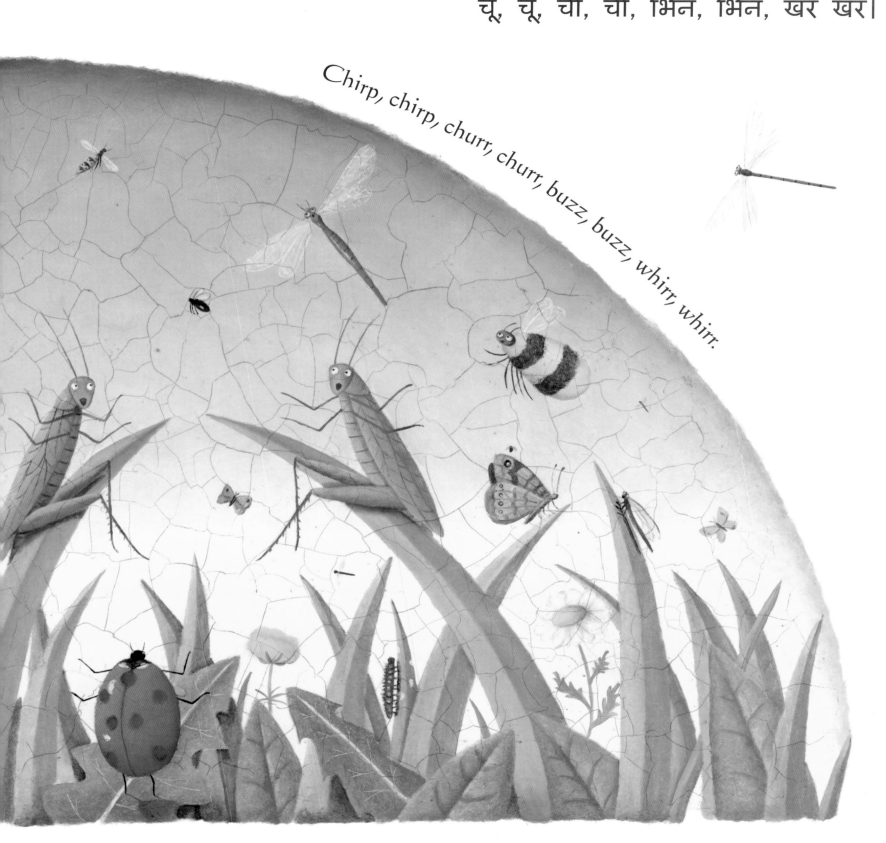

Chirp, chirp, churr, churr, buzz, buzz, whirr, whirr.

पत्ते खड़के और झूले हिले। पानी में छप छप करते हुए बच्चे खेले।

Leaves rustle, hammocks sway. Splish, splash, children play.

बादल छिटके, भागे कुत्ते, गर्मी का सूर्य हिस हिस के जले।

Clouds drift, dogs run. Sizzle, sizzle, summer sun.

सुनो भई सुनो ... लो गर्मी गई। अलविदा कीड़ों, आ गया शरद।

Listen, listen ... summer's gone.
Good-bye insects, autumn's come.

टप टप, बंजुफल टपके, इधर उधर गिलहरी लपके।

Plop, plop, acorns drop.
Hurry, scurry, squirrels hop.

कद्दू पक गए, जल्दी जल्दी, चुनो सेब और बीनो मक्की।

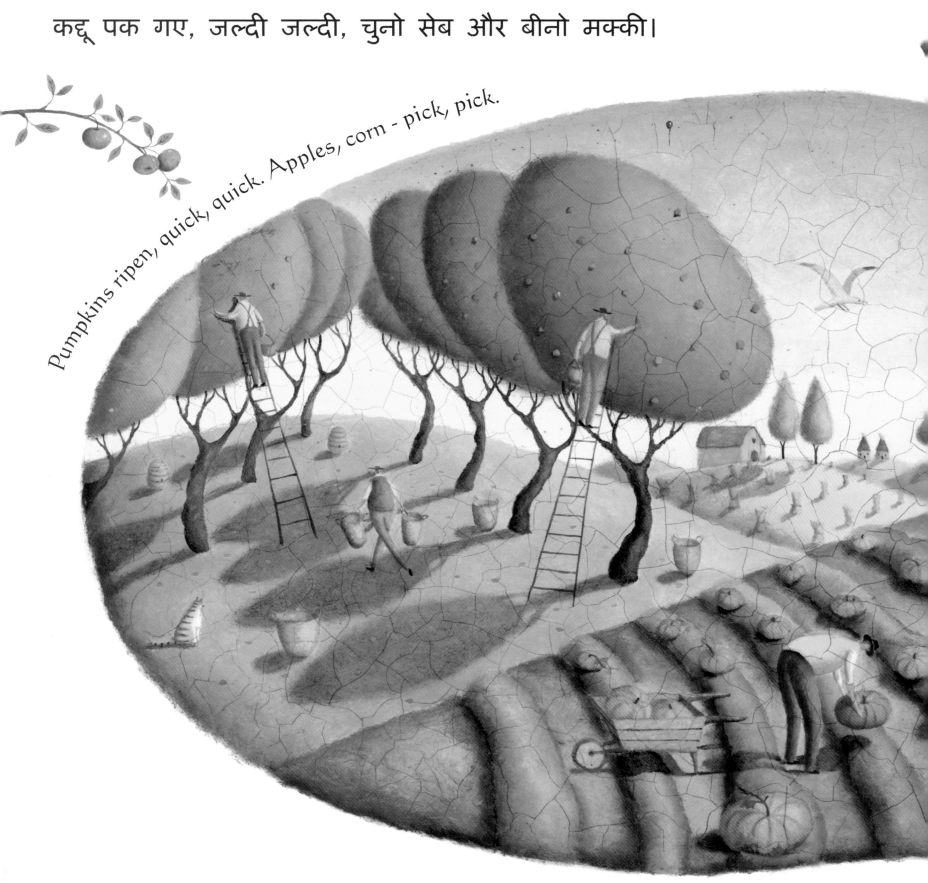

Pumpkins ripen, quick, quick. Apples, corn - pick, pick.

चरमर चरमर चले लोग यहाँ, आंक आंक कर चीखें चिड़ियाँ।

Crunch, crunch, people walk. Aak, aak, seagulls squawk.

हँस फिर रहे काँ क़ाँ करते। सर सर करते पत्ते झड़ते।

Honk, honk, geese call. Swish, swish, leaves fall.

टोपियाँ उड गईं व्हूश व्हूश। उल्लु चिल्लाए वूहू वूहू।

Whoosh, whoosh, hats fly. Whoo, whoo, owls cry.

सुनो भई सुनो ... लो शरद गया। हिमकण बोले सर्दी के मज़ा।

Listen, listen ... autumn's gone. Snowflakes whisper, "Winter's fun."

शुश शुश्, बर्फीली रात। चमचमा उठी लो बर्फ साफ़।

Shhh, shhh, snowy night. Snow sparkles, white, bright.

जूते करते चरर चरर। हटा रहे हैं बड़े बरफ, बच्चे चलते धम धम कर।

Crunch, crunch, boots clomp. Grown-ups shovel, children romp.

चक्कर खाते स्केटर्स, स्कीयर्स बहते। लो फिसले ज़िप, ज़ूम करते।

Skaters spin, skiers glide. Zip, zoom, slip, slide.

आह, आह, घर का सुख ये। ऊह ऊह, मोमबत्ती चमके।

Brrr, brrr, warm-up time. Ooh, aah, candles shine.

म्याऊँ म्याऊँ, बिल्ली घूरे। तड़क तड़क कर आग जले।

Purr, purr, cats gaze. Crackle, crackle, fires blaze.

सुनो भई सुनो, सर्दी भी गई। लो उगा सूर्य! गाए पक्षी।

Listen, listen ... winter's gone. Finches whistle, "Here's the sun!"

पुटर, पुटर कर कन्द खुले, चहुँ ओर लगे पत्ते छाने, लो फूल लगे इठलाने।

Pop, pop, bulbs sprout. Leaves grow, flowers shout.

लो चटके खोल, क्रैक क्रीक, निकले चूज़े पीप पीप, मांग रहे वे खाना।

Crick, crack, babies hatch. Peep, peep, chickens scratch.

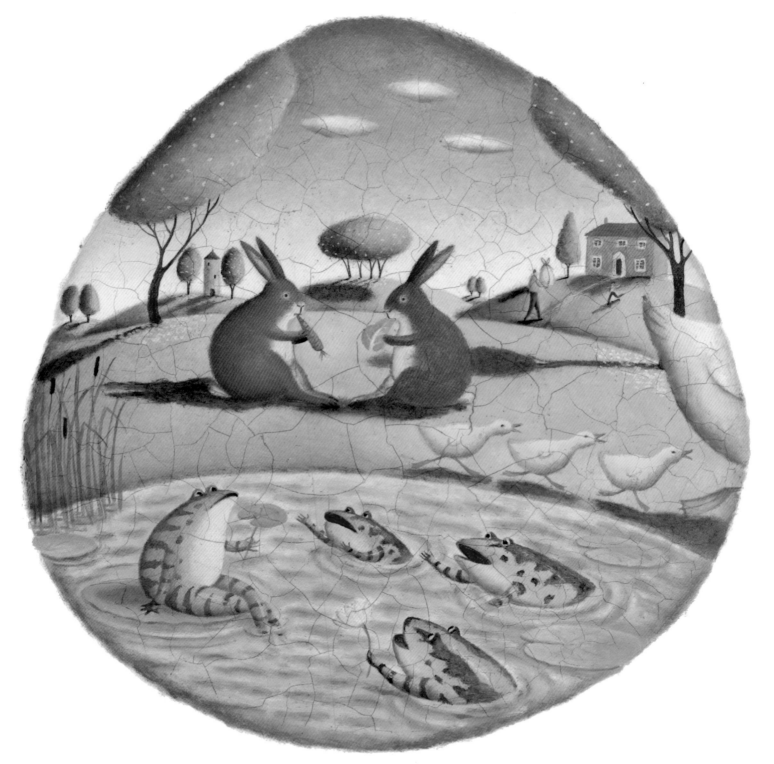

बत्तख के बच्चों की क्वैं क्वैं, खरगोशों की चबड़ चबड़, मेंढक का टर्राना।

Frogs croak, ducklings quack. Munch, munch, rabbits snack.

छम छम छम बून्दें गिरतीं। चीं चीं चीं चिड़ियाँ करतीं।

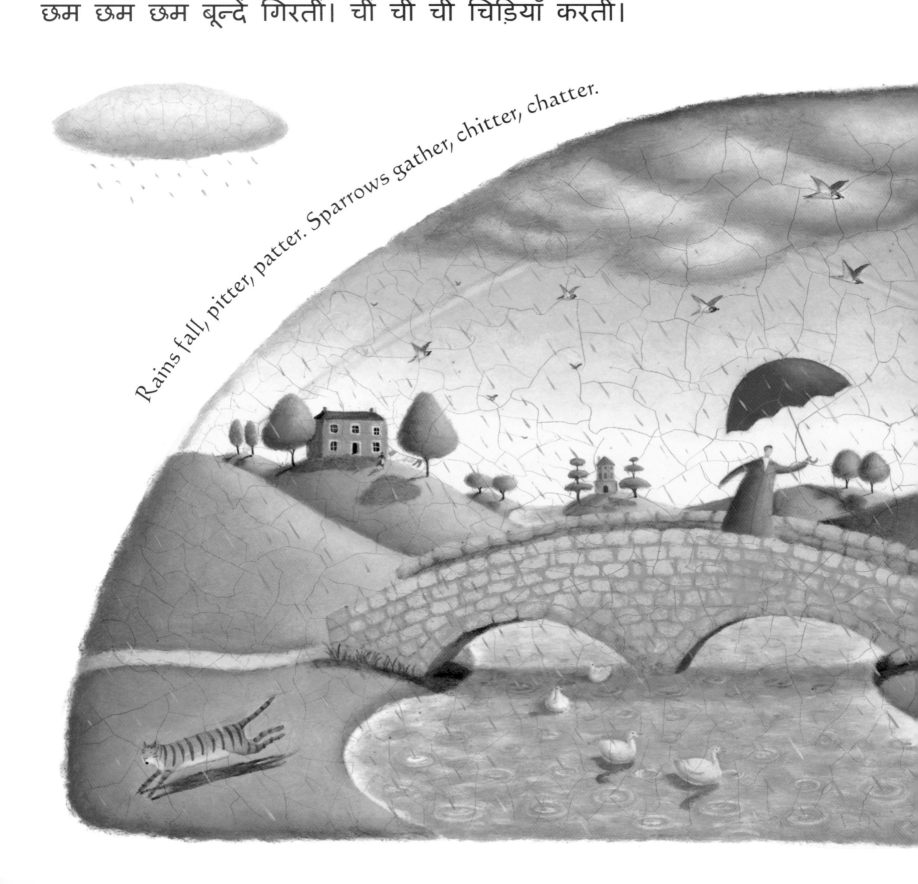

Rains fall, pitter, patter. Sparrows gather, chitter, chatter.

सुनो भई सुनो, बसंत गया, इक दूसरा मौसम् शुरु हुआ।

Listen, listen ... spring is gone. Another season has begun.

हवा में, ज़मीन पर, दिन और रात – ये कैसी आवाज़?

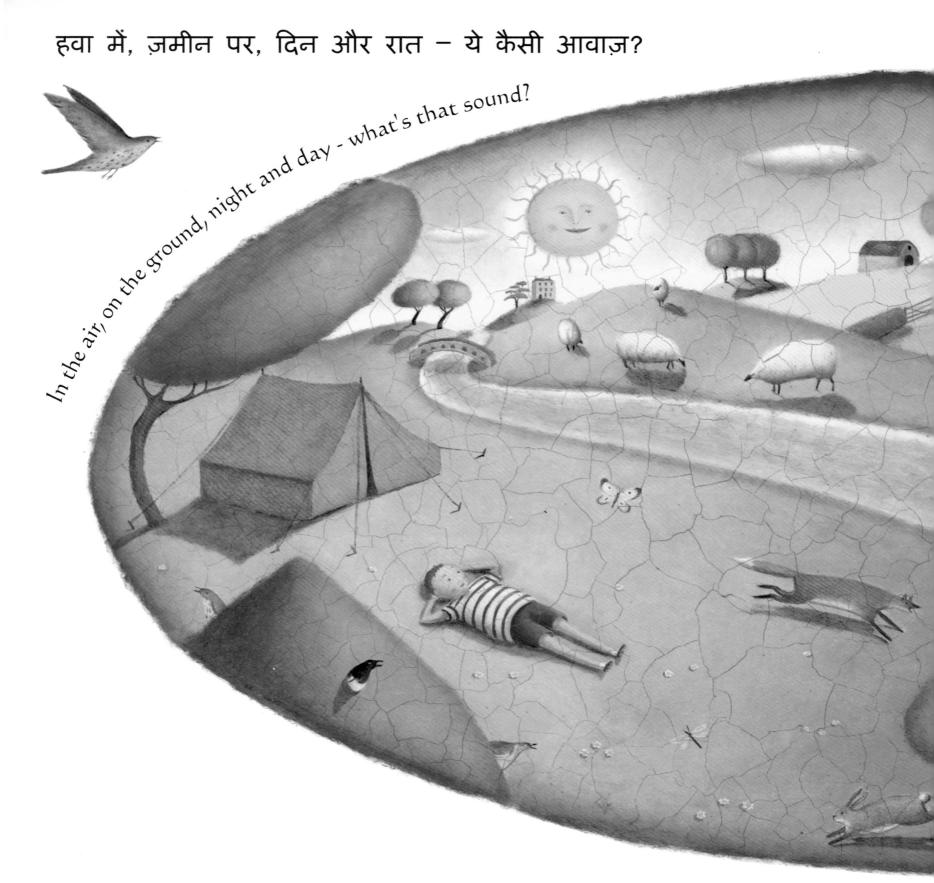

In the air, on the ground, night and day - what's that sound?

सुनो भई सुनो ... बसंत के बाद, गर्मी आती और ...

Listen, listen ... after spring, summer comes and ...

करते कीड़े !

Insects sing!

In the autumn, can you see

an owl

a goose

an acorn

an apple

a squirrel

a stalk of wheat

a pumpkin

an ear of corn

a seagull

a leaf?

In the winter, can you see

a crow

a mouse

a starling

a paw print

a holly berry

an icicle

a snowflake

a leaf?

a sprig of mistletoe

In the spring, can you see

a tulip

a daffodil

a bluebell

a sparrow

a rainbow

a rabbit

a frog

a duckling

a chick

a leaf?

What sounds do these animals make?

Information

Rhyme